UN MOIS

DE

CAMPAGNE ÉLECTORALE

PAR

FERNAND LAMY

RÉDACTEUR EN CHEF

DU JOURNAL DE LOT - ET - GARONNE

AGEN

PROSPER NOUBEL, IMPRIMEUR - ÉDITEUR

—

M. DCCC. LXIX

UN MOIS DE CAMPAGNE ÉLECTORALE

A MADAME FERNAND LAMY

HOMMAGE

DE

LA PLUS VIVE AFFECTION

UN MOIS

DE CAMPAGNE ÉLECTORALE

PAR

FERNAND LAMY

RÉDACTEUR EN CHEF

DU JOURNAL DE LOT - ET - GARONNE

AGEN

PROSPER NOUBEL, IMPRIMEUR — ÉDITEUR

—

1869

I

L'EMPEREUR.

Au moment où les attaques de l'Opposition prennent un caractère si manifeste de haine contre le Chef de l'Etat, il ne paraît pas inutile de consacrer à l'esquisse rapide de cette haute et puissante personnalité quelques lignes qui, nous en sommes convaincu, devanceront le sentiment de l'Histoire. En effet, quand aura cessé le bruit de nos querelles, quand les événements, qui passionnent si violemment aujourd'hui notre pays, auront roulé les uns par-dessus les autres dans ce grand abîme sans fond qu'on nomme le passé, alors la figure de Napoléon III apparaîtra comme l'une des plus brillantes qui aient illustré le Trône de France.

Ce n'est pas la fortune extraordinaire de sa vie traversée, au début, par tant d'épreuves douloureuses et tout-à-coup illuminée par l'éclat d'une couronne ; ce n'est point cette jeunesse si sombre et cette maturité si pleine de soleil qui arrêteront le plus les regards de l'historien ; c'est surtout l'énergie prodigieuse et l'immense variété d'aptitudes de cette vaste intelligence.

Où les princes font-ils d'ordinaire l'apprentissage de la souveraineté? Au milieu de l'existence élégante et frivole des cours, dans la compagnie des courtisans et à l'école de tous les préjugés aristocratiques.

Quoiqu'il fût fils de roi, les hasards de la destinée ont fait à l'Empereur le sort d'une éducation toute plébéienne, où les viriles qualités de son esprit ont pu se développer sous l'influence de sérieuses et patientes études. La science de la politique et de l'histoire l'avait particulièrement séduit ; c'est à elle qu'il a consacré les solitudes de la prison et les veillées de l'exil. Avant d'être Napoléon III il a été un philosophe, un économiste et un écrivain de premier ordre. Aussi, a-t-il pu monter sur le trône, armé d'une science que tous les souverains de l'Europe lui envient, et qui a permis de lui décerner sans adulation le titre glorieux de *penseur couronné !*

Être l'homme de son temps comme l'est Napoléon III, c'était la condition indispensable pour prendre en main l'œuvre immense dont il a accepté, en 1852, la lourde responsabilité. Quand il reçut le pouvoir du vote populaire, il s'agissait de refaire l'éducation politique d'une nation qui avait payé les immenses bienfaits de 89 par un demi-siècle d'agitations et de bouleversements ; il s'agissait de reconstruire les digues de l'autorité sur un sol ébranlé par la guerre civile. Ceux qui récriminent et se plaignent aujourd'hui ont oublié sans doute l'agonie générale de toutes choses, de l'agriculture, de l'industrie, du commerce, des lois, du pouvoir, de la société ; la situation intolérable dans laquelle l'hostilité systématique de l'Assemblée et les conspirations flagrantes des anciens partis avaient jeté la France, au moment où le second Empire est né.

Les hautes études politiques et sociales auxquelles s'était

livré l'Empereur ; sa profonde connaissance des hommes ; son expérience du gouvernement le guidèrent merveilleusement dans l'établissement du seul régime qu'on peut, écrivait en 1840 M. Muret (de Bord) à M. Guizot, espérer d'asseoir dans ce pays–ci : une démocratie fortement constituée, fortement gouvernée.

Ce régime, c'est celui qui, avec des améliorations successives, vient de donner à la France dix-huit années d'ordre et de prospérité. La Constitution de 1852 en a posé la base ; les réformes du 24 novembre et du 19 janvier en ont couronné l'édifice.

L'Opposition a souvent reproché à l'Empereur de n'avoir point de politique. Pour quiconque examine avec impartialité tous les actes de ce règne, il est évident, au contraire, qu'ils constituent un enchaînement logique de faits poursuivant un but résolument tracé.

L'alliance de la liberté avec l'autorité, le chef de l'Etat n'a jamais voulu autre chose ; et ses constants efforts ont toujours visé ce résultat.

Malheureusement l'attitude actuelle des partis nous prouve combien il est difficile de donner satisfaction aux légitimes aspirations libérales de la nation, sans troubler le jeu régulier du mécanisme gouvernemental.

En 1852, l'Empereur disait : « Je veux inaugurer une ère de paix et de conciliation et j'appelle sans distinction tous ceux qui veulent franchement concourir avec moi au bien public. » Si ce généreux appel avait été entendu ; si tous les hommes de talent, qui se complaisent dans les rangs des factions violentes, avaient voulu faire profiter le pays de leurs lumières et de leur expérience, au lieu de les tourner contre lui, quel merveilleux essor eût pris la fortune de la France !

N'importe ! l'Empereur ne s'est point découragé ; une volonté inébranlable, qualité de race, soutient en lui les conceptions d'un esprit supérieur. Les plus rudes assauts, il les repousse avec une modération admirable ; chaque fois qu'il prend la parole devant la France, on sent dans quelle sereine atmosphère habite sa pensée ; son langage a quelque chose de si particulièrement élevé et sympathique qu'il émeut et séduit les adversaires les plus endurcis.

La collection de ses discours aux grands Corps de l'État, de ses proclamations à l'armée, de ses lettres aux ministres ; en un mot, toutes les manifestations de ses idées sur les hommes et les choses formeront un cours de politique où les hommes d'État de tous les pays viendront, un jour, puiser leurs plus hautes inspirations.

Ce qui caractérise surtout la vigoureuse individualité de l'Empereur, c'est le goût et le sentiment du *grand*. M. Emile Ollivier l'a dit dans son dernier livre : « On pourrait affirmer qu'il n'est accessible qu'à ce qui est grand. » Et, en effet, l'esprit de l'Empereur plane toujours sur les sommets des questions. Quand il parle de la religion, de la patrie, de l'honneur national, du sort des classes laborieuses, ses aperçus embrassent un champ si vaste qu'on comprend facilement de quelle hauteur ils tombent.

Parce qu'il voit *grand*, l'Empereur n'a pas voulu être le roi de la noblesse comme Charles X ; le roi de la bourgeoisie comme Louis-Philippe. Il a été le roi du peuple, c'est-à-dire de tous les travailleurs des bras ou de la pensée. L'amélioration de leur destinée a été sa préoccupation constante. On sait ce qu'il a fait pour l'agriculture, pour le commerce, pour l'industrie ; l'essor qu'il a donné aux travaux publics et ses encouragements si nombreux aux sciences, aux arts et aux lettres. Sur le trône même, il a honoré le travail intellectuel en se ressouvenant qu'il avait été écrivain pour composer son beau livre sur *Jules César*.

Parce qu'il voit *grand*, l'Empereur a tenu à relever dans le monde le drapeau de la France. Sans céder toutefois à l'entraînement des souvenirs que son nom rappelle, il a rétabli notre prestige militaire par de mémorables campagnes dignes de continuer l'épopée du premier Empire; et en 1867, lui, le souverain du suffrage universel, il réunissait, au Palais des Tuileries, les plus fiers souverains du droit divin, heureux de venir saluer notre vaillante nation dans sa personne auguste.

Législateur, homme d'Etat, guerrier, diplomate, le *penseur couronné* est aujourd'hui le conseiller et l'arbitre de l'Europe, comme il a été l'initiateur éclairé et prudent du pays aux vraies doctrines de la démocratie honnête et du sage libéralisme.

Le premier libéral de l'Empire, c'est l'Empereur !

(*21 Avril*).

II

DEVANT LE SCRUTIN.

Nous voici à la veille des opérations électorales. C'est le moment de faire acte viril et de confesser nos croyances et nos idées sur une situation longuement méditée.

Cette situation, le travail des partis l'a si bien creusée qu'aujourd'hui tout malentendu a disparu.

Les candidats que l'Opposition patronne, n'ont qu'un but commun : *renverser le Gouvernement de l'Empereur, et sa dynastie.*

Autrefois, l'Opposition était plus réservée, plus hypocrite peut-être ; mais les réformes du 19 janvier ont créé un état de choses où elle s'est émancipée. Elle prétendait encore naguère qu'on se trompnit, qu'on la calomniait, qu'elle respectait l'Empereur, qu'elle demandait seulement à le contrôler plus sévèremnt.

Les masques sont tombés maintenant.

Quand on va chercher ses candidats dans les solitudes de l'émigration démagogique ou dans les cénacles des conspirateurs de salon, on lève un drapeau significatif.

Donc, entre les candidats de l'Opposition et les candidats recommandés par le Gouvernement, la question se pose ainsi :

D'un côté, les progrès incessants, les réformes pacifiques et indéfinies, la tolérance pour tous, la vraie liberté, la liberté lentement conquise, mais sûrement possédée, *la liberté qui reste*; de l'autre, bouleversement, transformations violentes, intolérance, suspicion, guerre civile et, à la place de la liberté qui s'enfuit, la pire des oppressions.

Ou le maintien et l'amélioration constante et progressive de ce qui existe, ou le renversement de tout ce qui est et le commencement des aventures !

En 1848 derrière la réforme, il y avait la république; en 1869, derrière l'opposition coalisée, il y a le socialisme et le communisme. Quand on a entendu les virtuoses des clubs de Paris, il n'est plus permis d'en douter. Les Jules Favre et leurs amis, qui n'ont pas osé mettre le pied dans ces réunions, le savent ; mais ils se garderont bien de l'avouer !

Ainsi, ce n'est pas seulement un gouvernement, une dynastie qu'on veut renverser; c'est la propriété, la famille, la religion, la liberté.

Oui, la liberté*!* car le parti de la *Révolution sans la liberté* existe, formule ses idées à bouche que veux-tu, et c'est son triomphe que prépare toute candidature hostile, quelque nuance d'opinion qu'elle représente.

En effet, un candidat a beau n'être pas en communauté d'idées avec les Peyrouton et les Budaille, par exemple;

il a beau avoir même des idées politiques absolument con-
traires ; il sera malgré lui leur auxiliaire et leur allié, si,
par une opposition tracassière, il contribue à amoindrir la
force morale, l'autorité, la puissance du gouvernement.

En affaiblissant la défense, il fortifie l'attaque.

Les candidats, que recommande le gouvernement comme
offrant le plus de garanties à son maintien et à celui de
l'ordre public dont il est le gage et la condition première,
quelle est, au contraire, leur signification?

Ce sont des hommes qui nous promettent que l'Empereur
et la Constitution resteront toujours au-dessus et en dehors
de tout débat.

En votant pour eux, le pays n'entend pas pour cela
renoncer à obtenir les perfectionnements dont le gouvernement est susceptible, et ces députés dévoués seront les
interprètes sincères et résolus de tous les vœux de sages
réformes.

Mais la première condition est de fermer la porte aux
démolisseurs volontaires ou insconscients de l'ordre social.

Citadins ou campagnards, ouvriers ou paysans, c'est
là votre commun devoir !

Il faut que les vrais patriotes comprennent que le gouvernement le plus légitime, le mieux fondé sur le suffrage
populaire, ne peut marcher régulièrement, alors qu'il est,
sans cesse et à tout propos, harcelé par les partis intéressés
à sa chute.

Il faut que les vrais patriotes comprennent que l'opposition, quelle qu'elle soit, ne demande qu'à affaiblir le pouvoir, à le désarmer, à l'annuler et que, selon son éternelle
tactique, sous couleur de supprimer le gouvernement
personnel, elle ne cherche qu'à démanteler le pouvoir
exécutif.

En 1863, l'Opposition était, certes, moins exigeante, moins haineuse qu'aujourd'hui. Qu'a-t-elle envoyé à la Chambre? Des hommes qui n'ont rien fait que de nous donner le triste spectacle de leurs dissensions intestines, qui ont usé leur mandat dans la poursuite de misérables querelles, des hommes dont l'attitude, pendant les derniers jours de la législature qui finit, inspirait, récemment, à un polémiste non suspect d'*officiosité*, M. Émile de Girardin, cette rude et terrible apostrophe :

« L'Américain qui lit dans les journaux français le compte-rendu des séances législatives doit penser que s'ils n'ont pas à faire à leur gouvernement de reproches plus graves que ceux qui lui sont adressés par leurs députés, les Français, vu l'imperfection sur la terre des hommes et des choses, n'ont guère à se plaindre de lui.

« Les reproches que l'Opposition, par la voix de MM. Jules Favre et Ernest Picard, fait au gouvernement de 1852, ce sont ceux que MM. Odilon Barrot et Garnier-Pagès Ier faisaient au gouvernement de 1830, et que prodiguaient MM. Jules Favre et Garnier-Pagès II au gouvernement de 1848, passé de leurs mains dans celles du général Cavaignac.

« Quand donc en finirons-nous avec cette politique de menues récriminations, toujours les mêmes, contre des abus de pouvoir qui restent invariables, que le gouvernement se nomme Monarchie traditionnelle de 1815 ou Monarchie constitutionnelle de 1830, République de 1848 ou Empire de 1852 !

« A quoi mène tout le bruit qui s'est fait autour de la souscription Baudin, de la démission Séguier et des lettres Dréolle? Cela ne mène qu'à égarer l'opinion publique et à lui faire perdre la trace des questions vraiment sérieuses et des solutions véritablement urgentes ?

« Finissons-en donc avec les puérilités de la politique ! »

Aujourd'hui, en 1869, l'Opposition est à coup sûr la plus enfiellée qui fût jamais. Aussi, quels sont les candidats qu'elle propose dans le Lot-et-Garonne au moins ? Des hommes dont les antécédents politiques sont tels qu'on peut, sans crainte de calomnie, leur prêter le serment mental suivant dont un journal, le *Peuple,* nous a donné la formule :

« Je jure de ne jamais écouter les arguments de mes adversaires ; je jure de ne jamais faire usage de ma raison, de ne tenir aucun compte des circonstances. Je n'aurai ni modération ni prudence ; je ne serai qu'un instrument aveugle et docile dans la main de mes patrons électoraux. Si le gouvernement fait mal, je l'attaquerai ; s'il fait bien, je l'attaquerai de même. Si la discussion m'éclaire, je fermerai les yeux. Si j'apprends par l'usage des affaires ce que j'ignore aujourd'hui, je ne profiterai point de ce que j'aurai appris. Si je reconnais la vanité des utopies dont je me fais aujourd'hui le champion, je ne cesserai pas pour cela d'en poursuivre la réalisation. Si je vois que je mets le pays en péril par mon obstination, je n'en serai pas moins obstiné. Tel est le mandat que vous allez me confier, que je sollicite de vos suffrages et que j'accepterai sans hésitation. »

Tel est le sens du mandat impératif qu'ils reçoivent de leurs patrons électoraux, car ces fiers indépendants ne sauraient nous donner le change. Nous n'ignorons pas que l'Opposition est une rude maîtresse qui fait des officieux soumis de chacun de ses adorateurs.

Que fera-t-on jamais avec de pareils hommes ? Où mènent-ils ? Les voir reparaître sur la scène politique, n'est-ce pas d un mauvais augure qui sent l'émeute ?

Avec eux, fera-t-on jamais un pas?

Avec eux, en finira-t-on jamais avec la politique des récriminations, avec la politique du temps perdu, comme M. de Girardin appelle si justement la politique des députés de la Gauche?

La France, depuis 1789, n'a jamais été aussi près de l'établissement définitif de la liberté. Il lui suffit d'être modérée, d'être patiente, d'être calme et de ne pas vouloir aller trop vite en réduisant une autorité appuyée sur le double prestige d'un nom légendaire et de la manifestation de la souveraineté populaire.

Si la catastrophe arrivait, à laquelle nous poussent les candidats de l'Opposition, quelles bases nouvelles donnerions-nous au Pouvoir, quelle sauvegarde aux intérêts, quel point d'appui à la liberté?

Le moment est donc venu d'affirmer une union naturelle entre les bons citoyens, et de former la ligue des amis de l'Empire contre la coalition de ses ennemis.

Que les classes élevées comprennent que le goût de l'amélioration doit avoir pour limite la nécessité de ne pas ébranler; que la bourgeoisie, rassurée par dix-huit ans d'ordre, ne devienne pas taquine; que le peuple fortifié ne devienne pas impatient.

Voilà les réflexions que devront méditer les électeurs du Lot-et-Garonne, avant de se présenter devant le scrutin.

(25 *Avril*).

III

.A LA JEUNESSE !

C'est à la Jeunesse qu'aiment à s'adresser particulièrement les hommes des anciens partis occupés aujourd'hui
à faire le siége du second Empire. Les grands mots, dont
se compose le bagage de leur éloquence malsaine, sont,
en effet, ceux qui enflamment le plus facilement les jeunes
cœurs plus prompts à l'enthousiasme qu'à la réflexion. La
phraséologie humanitaire et démagogique n'a guère de
prise que sur les niais ou les intelligences que les médita-
tions et l'expérience de l'âge mûr n'ont pas encore mis en
garde contre ses surprises.

On sait la pose théâtrale et volontiers mélodramatique
qu'affectent nos martyrs et nos purs de l'Opposition.
C'est dans leurs discours et leurs articles de journaux que
se traînent les derniers oripeaux du romantisme.

Tout cet attirail de guerre est merveilleusement combiné
pour séduire les échappés de collége ou les gens dépourvus
d'instruction.

On compte beaucoup aussi sur le goût naturel à la
Jeunesse de suivre la mode. Or, la mode est à l'opposition.

**

Le rôle de mécontent est un rôle à prendre pour ceux qui n'en sauraient jouer d'autre dans le monde. Il accommode plus d'une nullité ; il donne une certaine importance dans certains milieux.

A Paris notamment, au Quartier Latin, la propagande révolutionnaire, qui se pratique dans les cafés et les brasseries, est de nature à faire réfléchir les pères de famille. Sous prétexte d'étudier le Droit ou la Médecine, une bonne moitié de la jeunesse intelligente de nos départements, l'élite de nos lycées, la crème de nos bacheliers s'en va, chaque année, apprendre, entre l'absinthe et le bock, le catéchisme de la démagogie.

Faut-il rappeler les journaux, les livres sortis de ce milieu où Rogeard a trouvé des admirateurs et laissé des adeptes ?

Faut-il rappeler ces émeutes d'étudiants entraînés tantôt à droite tantôt à gauche, par des meneurs sans aveu ; émeutes faites au nom de la liberté, et se résumant toujours en manifestations stupides contre la liberté ?

Peu à peu, malheureusement, les plus belles intelligences (et on en compte un grand nombre parmi l'ardente jeunesse des Écoles), s'égarent, se faussent ou s'étiolent dans cette dangereuse agitation. Elles y désapprennent tous les grands principes qui ont fait la gloire de l'ancienne société française et qu'il est du dernier *rococo* d'oser vanter, à cette heure.

Toutes les démoralisations se tiennent. Quand on s'est déshabitué du respect dû à l'autorité, on oublie vite aussi le respect dû à la religion, à la famille, à toutes les saintes choses de ce monde.

Et l'on en arrive à ce déplorable scepticisme où s'est accoquinée la jeunesse du jour !

Voilà l'œuvre des hommes dont on a l'outrecuidance de nous vanter, dans certains journaux, les mâles vertus ! Voilà l'œuvre de ces démolisseurs de l'ordre social, de ces détracteurs de tous les pouvoirs établis, que l'Opposition a mis à sa tête !

Et plaisante dérision, ce sont eux qui crient le plus fort au scandale, à l'affaissement des mœurs ! Ce sont eux qui reprochent au Gouvernement la décadence des esprits !

La jeunesse se laissera-t-elle longtemps encore conduire dans les ornières où ils l'ont poussée ? Au lieu d'user son énergie à dresser des piédestaux pour quelques personnalités ambitieuses, ne devrait-elle point se préparer à servir un gouvernement qui s'appuie sur toutes les idées libérales, en se bornant à les maintenir dans les limites de l'équité et de la justice ?

Ne joue-t-elle pas un rôle de dupe en se traînant à la remorque des coryphées des régimes déchus, Monarchie ou République ?

Ne serait-il pas, au contraire, conforme à ses intérêts d'aider le gouvernement à les éloigner pour toujours de l'arène politique ?

L'Empereur a souvent prouvé le désir, qui l'anime, de faciliter l'accès des affaires aux hommes nouveaux. Telle est plus que jamais son intention aujourd'hui, car il est fondateur de dynastie et ne demande qu'à préparer au Prince Impérial des collaborateurs et des conseillers.

On n'ignore point l'éducation libérale que reçoit l'auguste Enfant. Ce n'est pas de la sorte qu'étaient élevés les héritiers présomptifs au sein des anciennes cours. Le Prince Impérial, sous la haute direction de son père, est initié, lui, à toutes les connaissances qu'exige la possession du rang suprême dans un pays de suffrage universel.

L'art de gouverner, selon les besoins de son temps, selon les traditions d'amour du peuple dont son nom glorieux est un sûr garant, voilà ce qu'il apprend de la bouche des maîtres les plus éclairés !

Cette instruction si forte et si variée du fils de l'Empereur, ce goût des hautes études inculqué en lui, avec un soin persévérant, cette éducation si profondément religieuse que surveille la piété de l'Impératrice, n'est-ce pas un exemple offert à toute la jeunesse de France en même temps qu'une réponse significative aux déclamateurs assez osés pour accuser le Chef de l'Etat d'être un ennemi de l'Enseignement et d'avoir favorisé, depuis qu'il règne, le développement des frivolités de la vie élégante aux dépens de la culture intellectuelle?

Les hommes, qui ont trente ans aujourd'hui, n'ont point connu les régimes tombés. Ils ne sont liés à eux par aucune habitude d'esprit, par aucun souvenir, par aucune affection.

En aidant le gouvernement à préparer l'avenir, ils feraient œuvre de bons citoyens et assureraient, chacun de son côté, le libre développement de leur carrière.

Nous croyons ces conseils plus sains que ceux qu'on débite dans les clubs de Paris ou dans les réunions privées..... de modération politique qu'organisent en province les députés de la Gauche transformés en courtiers d'élection. Nous les recommandons à l'attention des pères de famille, car c'est à eux surtout, à la veille des opérations électorales, qu'il appartient de réagir vigoureusement contre les excitations dangereuses des hommes qui jouent le triste rôle de courtisans de la Jeunesse.

(25 Avril).

———————

IV

LES FAUX CONSERVATEURS.

Dans quelques jours, s'ils ne l'ont pas fait déjà, les agents des candidats de l'Opposition vont parcourir les campagnes du département de Lot-et-Garonne, pour y commencer la chasse aux voix.

Quel langage tiendront-ils?

Ils ne commettront certainement pas la maladresse de se dire révolutionnaires et de manifester des vues hostiles à l'ordre de choses établi. Ils savent que de pareilles déclarations seraient fort mal accueillies, surtout de nos commerçants des petites villes et de nos populations rurales, naturellement ennemis d'un bouleversement qui les frapperait d'une manière plus sensible que toute autre classe de la société.

Non, ils se diront, ils se disent déjà, d'accord avec leurs journaux, des conservateurs !

Or, il importe de dévoiler cette manœuvre ; il importe d'avertir les électeurs qu'il n'y a aujourd'hui, en France, d'autre parti conservateur que le parti napoléonien, d'autres candidats conservateurs que les candidats officiels.

En effet, pour quiconque a étudié comme nous la situation de près, pour quiconque en a fouillé les dessous, ce n'est pas, comme dans les autres pays, comme en Angleterre par exemple, sur telle ou telle question de politique intérieure ou extérieure qu'on va voter dans quelques semaines ; c'est, triste remarque à constater, sur le principe même du gouvernement, sur l'Empire, sur la dynastie.

Il est trop vrai que jusqu'ici en France une question n'est jamais finie.

Le trouble jeté dans les esprits par nos révolutions successives ; les partis qui en sont nés ; la fièvre d'opposition qui dévore tant de cerveaux par suite d'un vice du caractère national, ont créé cette particularité étrange et déplorable que le pays ne peut être convoqué dans ses Comices, sans qu'une bataille s'engage aussitôt sur la forme même du gouvernement.

Oui, après dix-huit ans d'ordre, de calme et d'une prospérité inouie, nous allons voter, comme ces jours derniers, on votait en Espagne, comme nous avons voté en 1852, au lendemain d'un bouleversement !

Et voici alors la situation qui se pose fatalement et qu'un publiciste distingué a parfaitement précisée en ces termes : « Les hommes qui veulent détruire ou embarrasser le gouvernement, quelles que soient leurs vues sur l'avenir de la société, sur la direction des affaires, se rangeant tous d'un même côté, ceux qui veulent le maintien, le succès du gouvernement, quelles que soient leurs vues sur la direction des affaires et l'avenir de la société, se trouvent tous rejetés de l'autre. »

On comprend, de la sorte, comment, à l'heure qu'il est,

les légitimistes et les orléanistes ne sont pas plus conservateurs que les républicains.

Les uns et les autres veulent arriver aux affaires, non,
comme l'insinuent les plus habiles, pour éclairer et fortifier
le pouvoir actuel, mais pour le pousser à la chute, au profit
du gouvernement qui représente leurs préférences, ou
du prétendant dont ils servent les ambitieuses visées.

Échec au candidat officiel, tel est le mot de ralliement
qu'ils ont adopté.

Or, que signifie-t-il ce mot-là ?

Il signifie échec au gouvernement, c'est-à-dire la porte
ouverte à la Révolution.

Quand on place un pareil article en tête de son programme, il faut croire le corps électoral bien naïf pour oser
lui parler ensuite d'opposition constitutionnelle.

Ou nous ne comprenons plus la langue française ou vous
faites l'opposition la plus anti-dynastique qui fût jamais !

La lutte n'a peut-être pas ce caractère partout; mais elle
est telle dans les trois circonscriptions du Lot-et-Garonne
dont nous avons plus spécialement à nous occuper, car,
ainsi que nous l'avons déjà dit, les candidats opposants, qui
s'y mettent en ligne, portent des noms et ont des antécédents politiques sur le sens desquels tout malentendu
est impossible.

Du reste, si nous cherchons des exemples dans le passé;
si nous interrogeons l'Histoire, nous y voyons que sous les
régimes précédents, le même spectacle a été donné à la
nation.

Sous Louis-Philippe, par exemple, les hommes, qui
auraient dû être conservateurs, étaient révolutionnaires; les
légitimistes commettaient, absolument comme aujourd'hui

en 1869, cette inconséquence que signalait Henri Heine dans les lignes suivantes : « Faut-il que je vous plaigne davantage, vous autres légitimistes, qui vous posez en paladins du royalisme et qui avilissez cependant, dans la personne de Louis-Philippe, l'essence de la royauté, la considération royale ? En tout cas, *j'ai pitié de vous, en pensant aux conséquences terribles que vous appelez par de tels méfaits sur vos têtes insensées.* »

Oui, encore, à cette heure, comme il y a trente ans, les partis, aussi bien ceux qui représentent des idées monarchiques que celui qui réclame la forme républicaine, sapent le principe d'autorité, sans plus se soucier, les uns que les autres, d'ébranler l'ordre social.

Ils n'ont qu'un but, répétons-le à satiété : faire prévaloir leurs aspirations, leurs préférences dynastiques ou leurs chimères libérales sur les débris de l'Empire et à travers les horreurs d'une quatrième révolution.

Nous voudrions que notre démonstration fût bien comprise, car, selon l'excellente observation de M. Guizot dans ses instructifs *Mémoires*, « c'est trop souvent l'erreur et le malheur de notre pays de ne pas s'attacher à l'exacte appréciation des faits, de s'enivrer de mots et d'apparences, et de se livrer au flot qui l'emporte, dût ce flot le porter où il ne veut pas aller. »

Oui, il y a eu, il y a encore en France, nous en sommes convaincu, des gens qui, après avoir donné un coup de pioche pour saper un édifice, sont très-surpris qu'il tombe sur eux.

C'est l'histoire de notre bourgeoisie frondeuse qui, après avoir contribué, sans s'en douter, à précipiter, par ses taquineries, la chute des régimes précédents, a toujours payé les frais des bouleversements survenus.

Que les électeurs du Lot-et-Garonne sachent donc bien que le parti de l'Opposition qui les sollicite, ne signifie qu'hostilité, et non progrès comme on essaiera de le faire croire. Qu'ils ne se laissent pas prendre surtout aux allures modérées de certains candidats dissimulant, sous des dehors de bonhomie et de prudence, les projets les plus haineux contre le gouvernement impérial. Ceux-là sont, au contraire, les plus dangereux peut-être, car s'ils s'efforcent de surprendre la candeur des honnêtes gens, c'est pour les conduire, par des chemins différents mais tout aussi vite que les autres, à de nouvelles convulsions politiques !

C'est donc de leur part une odieuse comédie de s'intituler des conservateurs. Ils ne veulent rien conserver ; ils ne veulent que détruire. Qu'ils n'usurpent pas une qualification dont ils sont si peu dignes.

Nous dévoilerons sans pitié toutes les manœuvres par lesquelles ils chercheront à tromper l'esprit des populations.

Pourquoi, quand on a une si grande confiance en soi, quand on se prétend si populaire, se déguiser pour paraître devant le corps électoral ?

A bas les masques !

Les seuls candidats conservateurs, ce sont les candidats officiels, c'est-à-dire les défenseurs dévoués et éprouvés de ce qui est.

Les autres ne sont que de faux conservateurs auxquels nous arracherons leur visage d'emprunt, des révolutionnaires qui n'ont ni le courage, ni la dignité, ni la franchise de leurs opinions !

(29 Avril).

V

L'ACTION PARLEMENTAIRE.

Il y a des gens (nous en rencontrons chaque jour), qui votent pour les candidats de l'Opposition, tout en se défendant bien de désirer la chute du régime actuel et sans croire y contribuer.

C'est qu'assurément ceux-là ne comprennent point l'action parlementaire ; qu'ils ne l'ont point suivie dans l'histoire de nos Assemblées ; qu'ils ignorent la puissance qu'elle a en France, et la part immense qui doit lui être attribuée dans les révolutions successives dont notre pays a été troublé depuis un demi-siècle.

Oui, plus qu'à toute autre cause l'instabilité de nos Institutions est due aux Assemblées. Quand elles sont tranquilles, a dit un historien, le pays est tranquille ; quand elles s'agitent le pays est agité.

L'action des Chambres est telle qu'elle pèse même d'un plus grand poids que la politique extérieure sur les destinées des gouvernements. C'est en ce sens qu'on a pu écrire avec raison que l'Empire des Cent Jours a été vaincu par la Chambre des représentants plus encore peut-être que par Waterloo.

Sous l'action parlementaire sont tombées également la Restauration, la Monarchie de Juillet et la République de 1848.

Il semble qu'une politique étrangère, fière et grande, les hauts faits qui l'affirment, victoires diplomatiques ou victoires des champs de bataille, devraient occuper la première place dans les préoccupations d'un peuple comme le nôtre.

Eh! bien! non. La philosophie politique, cette science si vaste et à nos yeux la plus intéressante peut-être de toutes les sciences morales, nous démontre que c'est toujours du côté de son Parlement que la France a le plus volontiers dirigé son attention, y prenant, en quelque sorte, la mesure de son attachement au Pouvoir qui la gouvernait.

L'action du Parlement sur l'opinion est lente et comme souterraine; mais elle pénètre dans toutes les classes, y laisse des traces, y dépose, selon une pittoresque expression, une alluvion de défiances et de haines ou de sympathie et de popularité. »

Le choix des députés doit donc être le premier souci des hommes qui sont à la tête des affaires de l'Etat et de tous les citoyens qu'intéressent la marche des choses publiques; la prospérité de leur pays.

Il y a, en effet, un danger permanent dans notre goût national pour les discours, pour l'art de la parole, pour les luttes de tribune.

Ce danger, on l'évite dans une époque de dictature

commandée par d'impérieuses nécessités d'ordre social, dans une époque de transition comme fut, par exemple, celle de 1852 à 1860.

Mais un jour arrive où il faut l'accepter.

Un jour arrive où, ainsi que l'a compris l'Empereur, le peuple français a besoin des émotions de la vie publique comme une plante desséchée a besoin d'eau.

C'est alors que commence la tâche difficile de vivre avec le Parlement, de gouverner avec lui sans être renversé par lui.

Pour réussir dans cette délicate entreprise, quelle est la première des précautions à prendre ?

Empêcher à tout prix l'esprit de parti de pénétrer dans le Parlement.

De là l'utilité des candidatures officielles.

De là tous nos efforts pour réagir vigoureusement contre les candidatures de l'Opposition.

Supposez, ce qu'à coup sûr nous ne verrons pas, un triomphe général de ces candidatures; supposez que, dans trois semaines, une Chambre absolument hostile sorte des urnes électorales.

Eh ! bien, dès ce jour, la révolution serait faite ; la chute du gouvernement ne serait plus qu'une question de temps.

On se trompe donc étrangement quand on nous reproche d'agiter le spectre rouge pour effrayer les populations.

Nous sommes scrupuleusement dans le vrai, quand nous leur disons : votez pour les candidats officiels ou sinon vous votez pour la Révolution.

Est-ce clair ? Notre démonstration sera-t-elle comprise? Nous supplions le corps électoral de la méditer sérieusement avant de marcher au scrutin.

Autant l'esprit de parti est funeste à une Assemblée et la transforme en instrument révolutionnaire redoutable au choc duquel un gouvernement, quel qu'il soit, ne saurait résister longtemps en France; autant l'esprit politique, au contraire, la conduit au bien et en fait un précieux auxiliaire pour le pouvoir exécutif.

Où la majorité de la Législature expirée lundi dernier a-t-elle puisé sa force? Dans l'esprit politique, dont elle a fait preuve, en maintenant son homogénéité au milieu des débats les plus irritants, en se montrant bien résolue dans toutes ses volontés; en sachant se préserver des inconséquences auxquelles peuvent entraîner les séductions de parole, la polémique des journaux, certains courants de l'opinion publique.

Qui a fait, au contraire, la faiblesse de la minorité et l'espèce de discrédit dont elle est frappée aujourd'hui, même parmi ses anciens amis? L'esprit de parti qui l'a égarée sur la plupart des questions soumises à son vote; l'esprit de parti qui, après lui avoir donné la triste attitude d'une immorale coalition de haines, l'a désunie et épuisée en misérables tiraillements.

Sans l'esprit de parti, elle n'en serait pas réduite à ne plus représenter, de l'aveu même d'une fraction notable des adversaires de l'Empire, qu'un ensemble de coteries, ou des combinaisons éphémères de l'ambition et de la vanité.

Maintenant, électeurs, réfléchissez !

Quand, avec un Parlement que dirigeait une majorité formidable, comme celui dont vient de s'achever le mandat, tant de discours ont pu être prononcés où éclataient les colères, les provocations et les scandales, de quel spectacle désolant et effrayant ne serions-nous pas appelés à être témoins si les candidatures d'Opposition, qui surgissent à cette heure, réussissaient dans le plus grand nombre des colléges !

C'est alors que l'action parlementaire deviendrait désastreuse et qu'elle sèmerait à nouveau l'anarchie sous nos pas.

Car quel autre résultat le pays peut-il attendre des radicaux de l'orléanisme ou du républicanisme comme ceux, par exemple, que nous combattons dans les trois circonscriptions du Lot-et-Garonne ?

L'histoire nous enseigne que, quoi qu'on fasse, quelque réforme que l'on accorde, ils ne sont jamais contents. Comment ne pas juger ce qu'ils sont et ce qu'ils pourraient être encore par ce qu'ils ont été déjà ?

La France n'a plus, selon la juste opinion d'un éminent publiciste, de conquêtes à faire aujourd'hui dans le domaine de la politique pure. Notre temps est celui des problèmes économiques, des questions sociales, et non des querelles byzantines du parlementarisme de 1830.

Or, ces questions sociales, qui nous étreignent de toutes parts, elles ne peuvent être étudiées et résolues que par des hommes étrangers aux habitudes d'esprit du passé, que par des députés dévoués au Gouvernement impérial et qui considèrent les controverses politiques comme épuisées.

Si les candidats de l'Opposition arrivaient à la Chambre, il faudrait recommencer l'éternelle discussion de principes et de constitutions qui ne sont plus en cause et « que la nation considère comme faisant partie désormais de son patrimoine politique. »

En les repoussant, le corps électoral fera œuvre de patriotisme, il préservera le pays d'une action parlementaire qui, si elle n'était anarchique, serait tout au moins stérile.

Donc, les réactionnaires, ce ne sont point ceux qui, comme nous, mettent toute leur énergie à les combattre; les réactionnaires c'est vous, faux libéraux qui les soutenez !

(3 Mai).

VI

L'ORGIE.

Autrefois, à Lacédémone, on montrait aux jeunes gens des ilotes ivres pour les dégoûter de l'ivrognerie.

Nous voulons présenter aux électeurs la physionomie actuelle de l'Opposition, pour en éloigner ceux qui seraient tentés de s'enrôler sous son drapeau multicolore.

Si telle qu'elle se présente aujourd'hui à nos yeux, l'Opposition se décompose en une foule de nuances, elle se distingue avant tout par un double caractère qui la désigne aux répugnances des bons citoyens : elle est anti-française et anti-dynastique.

Anti-française ! elle dissimule ce manque honteux de patriotisme nous ne savons sous quel masque d'humanitarisme et de sensiblerie internationale.

On se rappelle son attitude pendant et après l'expédition du Mexique, ses discours qui proclamaient la magnanimité de Juarez et la barbarie de nos soldats.

En annonçant que les juaristes réfugiés à San-Francisco

s'étaient réunis *pour offrir à MM. Jules Favre et Picard un témoignage de leur reconnaissance,* le *Courrier de San-Francisco* disait : « Seul (qu'importent les satellites qui gravitent autour de lui ?), seul, un avocat français, une i lustration du barreau, un membre du Corps législatif, n'est pas de l'avis de tout le monde; et le coupable, selon lui, n'est pas l'homme qui pille et qui tue, et qui a froidement assassiné cinquante-sept prisonniers désarmés, les propres compatriotes de cet avocat. Non, le coupable, c'est le général qui a détruit les deux douzaines de huttes où l'on dansait sur les cadavres des prisonniers français. »

Dans un journal de Turin, du 13 juillet 1867, *le Comte Cavour,* nous lisons : « Les discours magnifiques de MM. Thiers et Jules Favre *font voir* au peuple français....... *combien a été grande la honte de l'armée française* qui a dû abandonner Mexico. »

En face des affaires d'Allemagne, ce rôle odieux se continue. Une guerre entre la Prusse et la France paraissant pouvoir résulter de la complication des événements, M. Guéroult et M. Havin, dans leurs journaux, devant leurs collègues à la tribune, manifestent les plus vives sympathies pour la Prusse ; ce qui plus tard ne les empêchera point de faire retomber sur le Gouvernement seul la responsabilité des événements de 1866.

Quand surgit l'incident du Luxembourg ; au lieu de chercher à toucher la fibre nationale, sentant que la France allait peut-être se voir contrainte de prendre les armes, on agit immédiatement sur l'opinion par des manifestations pacifiques.

On fonde des *Ligues de la Paix,* on organise des *Congrès de la Paix.* Les ouvriers et les étudiants de Paris échangent des Adresses avec leurs frères prussiens. Les démocrates

français envoient M. Garnier-Pagès à Berlin pour débla-
térer contre la France.

La plume sue le dégoût en retraçant de pareils souvenirs !

En Italie, Garibaldi insulte grossièrement notre drapeau.
Aussitôt des démocrates français écrivent au directeur du
Siècle pour lui demander que l'argent de la souscription
Voltaire soit employé à soutenir les chemises-rouges.

Le *Courrier français* pousse l'ignominie plus loin. Il
organise une souscription pour acheter des balles destinées
à frapper nos soldats.

L'Opposition va même jusqu'à redouter que nous puis-
sions nous appuyer sur une alliance en Europe. Elle sou-
haite l'isolement de son pays. Un journal légitimiste s'in-
dignait naguère qu'après le drame de Queretaro la pensée
eût été attribuée à l'Autriche de vouloir s'allier avec nous.
« Il semble, disait-il, que ce terrible événement devrait
dégoûter à jamais les Hapsbourg de l'alliance française
qui leur a été constamment funeste. »

A l'Etranger, toutes les fois qu'ils y ont été appelés,
les représentants de l'Opposition ont insulté la France. Ils
ont bu cette honte d'être rappelés au patriotisme par les
journalistes des pays où ils recevaient l'hospitalité.

Au Congrès de Liége, un Français (l'histoire clouera à
son pilori le nom de ce misérable), entra dans la salle
des séances, tenant à la main un drapeau de crêpe noir
qu'il présentait comme le seul que méritât notre nation.

Au Congrès d'Amsterdam, un *patriote* français a dé-
blatéré longuement contre l'occupation de l'Algérie par
la France.

Tout le monde ici nous connaît et nous plaint, disait
M. Jules Simon, au Congrès de Berne.

Les Congrès de Bruxelles, de Gand, de Genève nous offriraient d'aussi tristes citations à reproduire, si nous n'étions fatigué de marcher dans cette boue.

Comme le grand nom de Napoléon représente la France, dans la plus haute expression de sa force et de son génie, il n'est pas d'injures qu'on n'ait déversé depuis quelque temps sur cette illustre mémoire.

Nos lecteurs ont entendu parler sans doute des livres de MM. Charras et Lanfrey, des odieuses déclamations de M. Pelletan.

Dans la *France nouvelle*, M. Prévost-Paradol refuse au vainqueur d'Austerlitz, à l'auteur du Code civil, tout, hors de l'art militaire. « C'est un esprit mal cultivé, peu éclairé, une *intelligence étroite.* »

L'Opposition d'autrefois aurait hué de semblables insanités. Le 4 octobre 1830, Armand Carrel appelait Napoléon « le maître de tous en quoi que ce soit qu'il ait entrepris. »

Et en 1849, une autorité que ne reniera pas M. Paradol, M. Guizot, dans son livre *La Démocratie en France*, écrivait : « La France démocratique doit beaucoup à l'Empereur Napoléon. Il lui a donné deux choses d'un prix immense : au dedans, l'ordre civil ; au dehors, l'indépendance nationale fortement établie par la gloire. »

Anti-dynastique ! l'Opposition n'a pas plus de principes que de patriotisme. Tout son programme consiste à trouver bon ce que le gouvernement ne fait pas, et mauvais tout ce qu'il fait.

Cette tactique n'est pas nouvelle d'ailleurs. M. Thiers, qui la pratique aujourd'hui avec une haine si obstinée, en a ressenti les atteintes quand il était au Pouvoir, car il a prononcé, un jour, ces paroles : « Ceci est une grande vérité ; pour qu'une chose soit bonne, il faut qu'elle n'ait pas été faite par nous ; pour qu'elle soit mauvaise, il suffit que le gouvernement l'ait exécutée. »

Mais M. Thiers est si oublieux *!*

Aussi, qu'arrive-t-il ? C'est que le gouvernement n'entre jamais dans une voie indiquée par l'Opposition, sans lui causer un dommage, un désappointement, un embarras.

Nous l'avons bien vu lors des réformes du 19 Janvier.

Il faut pourtant continuer à tenir l'emploi de mécontent.

Comment l'Opposition s'y prend-elle ?

Elle déclare que les concessions accordées sont illusoires, que l'ancien état de choses était préférable ; de sorte que plus le Gouvernement accentue son évolution libérale, plus s'accroissent l'audace et l'amertume de ses ennemis. Nous nous rappelons ces paroles de M. de Morny à M. Picard : « Plus le Gouvernement désarme et plus vous l'attaquez au lieu d'user avec modération des libertés qu'il accorde au pays. En vérité, vous finirez par le guérir de la tentation d'en donner davantage. »

En effet, depuis que les lois du 19 Janvier sont entrées en vigueur, l'Opposition s'est bien gardée de reconnaître la liberté dont elle jouit ; mais elle en a profité pour créer peu à peu une situation à laquelle nous ne craignons pas d'appliquer cette épithète : l'Orgie.

A mesure que le ton de la presse s'aigrissait, se passionnait, nous avons vu successivement les radicaux des anciens partis lever la tête les uns après les autres. A cette heure, ils sont debout sur tous les points ; fiers et arrogants, ils veulent s'emparer des colléges électoraux. Ils arrivent de tous les coins de l'horizon politique, qui des retraites malsaines de l'émigration démagogique; qui des vieux cénacles de conspirateurs de salon.

Vous vous demandez peut-être sur quel terrain tous ces hommes peuvent se rencontrer ?

Sur celui de la Haine.

On a mis ses cocardes dans sa poche pour combattre côte à côte. Après la victoire, on s'entretuera ; mais peu importe, il faut commencer par démolir.

Catholiques et athées, républicains et orléanistes s'en vont bras dessus bras dessous tenter la bataille.

Guerre au Gouvernement ! voilà leur devise ! Les griefs sont oubliés, les principes confondus, les injures pardonnées ; la réconciliation est universelle.

Qui ignore que les candidats orléanistes comme tel que nous pourrions citer, traînent leurs chausses , des salons de M. Thiers dans ceux de M. Jules Favre ?

Qui ignore que MM. Thiers et Jules Favre vivent aujourd'hui dans une douce entente, et que le second se fait volontiers le courtier d'élections du premier ?

On se souvient, d'ailleurs, que le chef de l'ancienne Gauche est entré à l'Académie sous le patronage de MM. Thiers et Berryer.

On n'a pas oublié l'appui solennel donné par M. Berryer, dans le Jura, à M. Grévy, ainsi dépeint par M. Eugène Veuillot : « *Héros de Juillet en 1830*, adversaire en 1849 de l'expédition de Rome, toujours et partout ennemi de la Monarchie et de l'Eglise. »

Est-il utile d'ajouter que la *Gazette de France*, préparant la campagne électorale actuellement ouverte, recommandait de préférer partout « des candidats révolutionnaires » aux candidats conservateurs, aux candidats catholiques qui ne renient point le Gouvernement.

Quand, l'histoire à la main, nous pouvons convaincre l'Opposition d'une pareille confusion d'idées, d'une aussi monstrueuse négation du juste et de l'injuste en matière politique, selon une belle expression de M. de Tocqueville ; nous livrons cette Opposition au mépris de tous les bons citoyens.

Supposez un instant qu'ils arrivent au pouvoir tous ces hommes, dont la coalition représente peut-être dix partis subdivisés en autant de fractions ; et envisagez l'anarchie sanglante qui plongerait une fois de plus la France dans le deuil !

Un publiciste distingué a écrit quelque part : « Si une semblable coalition pouvait conquérir la conscience publique, peut-être parviendrait-elle à tuer l'Empire ; mais auparavant elle aurait tué deux choses : le bon sens et la probité de la France. »

Elle ne tuera heureusement rien de tout cela, cette coalition déguisée sous le nom d'*Union Libérale*.

A peine a-t-elle commencé de fonctionner, qu'elle se désagrége par l'effet de sa constitution même, qu'elle tombe sous l'attaque des fractions radicales des partis qui l'ont formée.

Mais elle n'en représente pas moins encore la grosse armée de l'Opposition.

Le 28 novembre 1860, lorsque l'Empereur commença son évolution libérale, M. Prévost-Paradol publia dans le *Journal des Débats* un article qui se terminait ainsi : « *Sachons-le bien : ne pas accepter loyalement ce que nous avons demandé, n'en pas faire un honnête usage, ce serait nous exposer à la juste sévérité de la nation.* »

Eh ! bien, ces sages paroles retombent maintenant de tout leur poids sur M. Paradol et ses amis, sur l'Opposition toute entière.

La juste sévérité de la nation, c'est elle qui fera votre échec le 24 mai prochain, c'est elle qui repoussera vos candidats des urnes électorales, Opposition bigarrée et sans principes, qui avez essayé de démoraliser l'esprit public en provoquant l'agitation heureusement factice et éphémère dont le répugnant spectacle n'a, répétons-le, qu'une qualification possible : *L'ORGIE !*

(7 Mai.)

VII

LE COUP D'ÉTAT.

Puisqu'ils évoquent les souvenirs du Coup d'État, d'où est sorti l'Empire, suivons-les sur ce terrain, tout en regrettant qu'à la veille des élections les exigences multiples de notre tâche ne nous permettent guère de *faire de l'histoire*.

Le Coup d'État! ils ont l'air de croire qu'ils nous ont fermé la bouche, chaque fois qu'ils impriment ce mot-là dans leurs journaux!

Mais qu'est-ce donc que le Coup d'État?

C'est, selon l'expression d'un éminent publiciste, la substitution de la volonté nationale à la dictature des partis.

C'est, selon l'opinion d'un de nos premiers hommes d'État, la France de 1789 organisée par l'Empereur.

C'est, d'après un écrivain des plus autorisés, « un labeur supérieur à toutes les malveillances, à tous les outrages, à toutes les hostilités, aussi bien qu'à tous les oublis ineptes ou à toutes les ingratitudes imbéciles; un labeur qui survivra à ceux qui, dans un but odieux, l'injurient ne pouvant l'étouffer, le raillent et le détestent, ne pouvant l'effacer, »

C'est un acte par lequel celui qui règne à cette heure sur la France, en « sortant de la légalité pour rentrer dans le droit, » a épargné à son pays, et peut-être à l'Europe, des années de troubles et de malheurs.

C'est enfin un acte que, sur 8,116,733 votants, la nation a sanctionné par sept millions et demi de suffrages !

Lorsque, le 2 décembre 1851, le Président se décida à mettre un terme à la lutte qui s'était établie entre l'Assemblée législative et lui, la France était à la veille de la plus effroyable anarchie.

L'opinion publique était unanime à reconnaître l'imminence d'un cataclysme.

Le 19 juillet, l'Assemblée ayant repoussé la révision de la Constitution, la France entière la réclama, pendant le mois suivant, par l'organe de *quatre-vingts* Conseils généraux sur quatre-vingt-cinq.

Quatorze cent mille pétitions, demandant également la révision, furent déposées sur la tribune de la Chambre.

Enfin, tout le monde avait jusqu'alors plus ou moins rêvé son coup d'État.

Voici, en effet, le récit que nous empruntons à M. Granier de Cassagnac, récit depuis longtemps publié sans avoir encore été jamais démenti :

« Le 29 janvier 1849, le *général Changarnier* laissa voir au Président qu'il était disposé à profiter de l'émotion du moment pour *rétablir militairement l'Empire.*

« Pendant le ministère parlementaire, qui dura du 20 décembre 1848 au 30 octobre 1849, M. *Thiers* exprima l'avis de proroger jusqu'au terme de dix ans les pouvoirs du Président.

« Après les élections socialistes de Paris, du 20 mars 1850, M. Molé déclara hautement, en s'appuyant de l'opinion de Lord

Lyndhurst, que le *rétablissement de l'Empire pouvait seul sauver la société.*

« Au mois de novembre 1851, dans une réunion qui eut lieu chez M. Daru et à laquelle assistaient M. de Montalembert, M. Buffet, M. Chassaigne Goyon, M. Quentin Bauchart, M. Baroche et M. Fould, M. Rouher lut et appuya un décret ayant pour objet de réviser la Constitution, à la simple majorité, et *d'imposer le vote à la minorité par la force, si elle résistait. M. de Montalembert soutint le projet avec la plus grande énergie ;* il alla même jusqu'à soutenir l'emploi de la force, et à proposer de faire un appel au pays quand bien même le décret n'obtiendrait pas la majorité.

« Le 30 novembre, MM. de Mouchy, de Mortemart et de Montalembert portèrent au Président, revêtue des signatures de cent soixante députés, la proposition d'un appel au peuple, qui devait être exécuté sur son adoption à une majorité simple.

« Le 1er décembre au matin, une pareille proposition fut délibérée et adoptée dans une réunion qui eut lieu chez M. Dariste et à laquelle assistaient M. Ferdinand Barrot, M. Bérard, M. Dabaux, M. Ducos, M. Dumas, M. Augustin Giraud, M. Le Verrier, M. Mimerel, M. de Rancé, M. Vayse et M. Lebœuf.

« Enfin, le 1er décembre, à six heures du soir, *M. de Falloux faisait porter au Président la proposition d'un coup d'État,* offrant de le soutenir lui-même à la tribune et proposant de disperser au besoin les montagnards par la force ; ne mettant d'ailleurs d'autre condition à ces offres que la formation d'un ministère pris parmi les chefs de la majorité. »

Le temps nous manque absolument pour grouper ici les observations qu'appelleraient en foule les citations que nous venons de placer sous les yeux de nos lecteurs.

Ces citations, toutefois, sont assez éloquentes pour démontrer l'éclatante légitimité du coup d'État dont un homme non suspect d'impérialisme, M. de Falloux, a dit qu'il était « autant l'œuvre de ses victimes que de ses auteurs. »

Le Président avait su devancer l'heure fixée par l'anarchie pour un terrible et général ébranlement de l'ordre social.

Voilà son *crime* aux yeux des anciens partis, voilà sa gloire devant l'Histoire!

Quant aux moyens employés pour accomplir l'œuvre de vigueur que réclamait la France en péril, il est certain qu'ils durent être énergiques et douloureux.

Mais depuis 1789, quel est donc le gouvernement dont l'avénement rappelle des dates souriantes?

Les Légitimistes ont–ils oublié que la Restauration fut imposée à la France par les baïonnettes des armées étrangères?

Les Orléanistes ont–ils oublié le sang des journées de Juillet 1830?

Les Républicains ont–ils oublié les barricades de Février 1848 et la boucherie des journées de Juin?

L'Empire s'est borné à éloigner momentanément du territoire les hommes dont la présence, au milieu des populations, constituait un danger permanent et un grave obstacle au rétablissement de la tranquillité publique.

Ne les a–t-il pas rappelés tous indistinctement et sans condition, par une amnistie générale, le jour où le Pouvoir a eu recouvré son assiette et où a commencé de fonctionner le jeu régulier des institutions nouvelles?

Aujourd'hui que le souvenir de tous les funestes calculs et de toutes les combinaisons perverses qui menaçaient alors la société a disparu de bien des mémoires, il est facile de chercher à émouvoir, par des phrases larmoyantes et des récits mélodramatiques, des cœurs où les sombres alarmes du passé n'ont laissé aucune trace.

Sans doute tous ceux qu'ont atteints les rigueurs de la proscription n'étaient point des malfaiteurs politiques indignes de pitié ; sans doute quelques-uns occupent et ont repris, depuis ces jours d'épreuves, des fonctions honorables ; mais ceux-là mêmes n'étaient-ils pas les plus coupables qui profitaient de leur instruction, de leur éducation, de leur position sociale, de l'influence du talent ou de la fortune, pour entraver l'action d'une dictature commandée par des nécessités de salut pnblic et ratifiée par le suffrage universel ?

Les journaux qui, la menace à la bouche et la guerre civile au fond de l'âme, nous jettent aujourd'hui comme un défi certains épisodes du 2 Décembre, se trompent donc étrangement quand ils croient s'attirer ainsi les sympathies des électeurs.

A ce propos nous croyons devoir reproduire, en terminant, les réflexions suivantes, pleines de sagesse et de bon sens, qu'inspirait, il y a quelques mois, la souscription Baudin, à M. Cucheval-Clarigny, rédacteur en chef de la *Presse* : « Le pays n'oublie pas que, depuis près d'un siècle, aucun gouvernement n'est *devenu maître du pouvoir qu'en violation des lois établies au moment de sa naissance*. Il estime donc que les partis, issus des divers gouvernements du passé, n'ont point à se faire, à cet égard, des reproches qu'ils peuvent se renvoyer réciproquement. Il tient donc ces questions pour oiseuses, du jour où lui-même, qui est le souverain maître, a accepté les faits accomplis. Il demande donc qu'on aille au fond des choses, qu'on regarde en avant et non en arrière, et qu'on s'occupe de l'avenir au lieu de ressasser les vieilleries du passé. »

(*9 Mai*).

VIII

LE CLERGÉ DANS LES ÉLECTIONS.

Nous respectons trop profondément les prérogatives des ministres du culte catholique pour essayer de peser, en quoi que ce soit, sur l'attitude qu'ils croiront devoir prendre dans les élections.

En raison de son caractère sacré et de la mission sublime dont il a charge en ce monde, le prêtre est absolument libre et indépendant.

Mais cette déclaration une fois faite, un droit nous reste : celui d'examiner si l'Opposition est bien fondée à réclamer le concours du clergé, et si ce concours, que certains candidats hostiles sollicitent avec tant d'ardeur, ne doit pas plutôt être acquis aux candidats recommandés par le Gouvernement.

Voyons d'abord, l'histoire à la main, comment le clergé a accueilli le second Empire.

Au moment du vote qui suivit le coup d'Etat, la plupart des archevêques et évêques adressèrent aux prêtres soumis à leur autorité des lettres pastorales sur cette grave conjoncture.

Parmi ces lettres nous choisissons, pour la reproduire, celle de Mgr l'archevêque de Rennes :

« *Rennes*, le 9 novembre 1852.

« Messieurs et chers coopérateurs,

« De toutes parts, dans le diocèse, on nous demande une direction relativement au plébiscite des 21 et 22 de ce mois.

« Ne sachant jamais décliner une responsabilité quelconque quand nous croyons qu'elle incombe à notre charge pastorale, nous vous dirons en toute simplicité de cœur et tout haut : « Votez et faites voter par ceux de vos paroissiens dont vous « possédez toute la confiance en faveur du sénatus-consulte qui « va être soumis à la ratification de la France ; que tous met- « tent *oui* dans l'urne électorale. »

« Vous connaissez trop, Messieurs et chers coopérateurs, l'indépendance de notre caractère et le désintéressement de nos intentions personnelles, pour attribuer cet avis, que nous vous donnons avec tant de franchise, à tout autre motif qu'à celui des intérêts sacrés de la religion, de la société et de la famille, aujourd'hui tout aussi menacés et peut-être plus encore qu'en 1848 et 1849.

« Que chacun donc, comme à ces deux époques de si glorieuse mémoire pour le diocèse de Rennes, sache mettre de côté ses idées et ses affections privées, pour ne songer qu'à notre chère et malheureuse patrie, que Louis-Napoléon seul peut sauver d'un cataclysme universel.

« Pour vous, chers coopérateurs, comme il y a quatre années, soyez les conseillers de vos obéissants troupeaux ; comme alors, stimulez leur indifférence naturelle, guidez leur inexpérience et dirigez leurs votes. Ne craignez rien ; s'il le faut, invoquez notre autorité pour vous mettre à couvert, et rejetez sur votre évêque toute la responsabilité d'une mesure que sa conscience accepte sans peur et sans reproche, car il la croit fermement l'accomplissement d'un devoir.

« Et sera la présente lettre lue au prône de la grand'messe, le dimanche qui suivra sa réception.

« Vous connaissez depuis longtemps, chers coopérateurs, notre attachement pour vous ; veuillez le croire de plus en plus tendre et dévoué.

« † G..., *évêque de Rennes.* »

Nous avons sous les yeux des discours ou des lettres de l'évêque de Strasbourg, du cardinal-archevêque de Bourges, de l'évêque de Nevers, de l'évêque de Moulins, du curé de Roanne, de l'évêque de Grenoble, de l'évêque de Gap, de l'évêque de Valence, de l'évêque de Viviers, de l'archevêque d'Avignon, de l'évêque de Marseille, de l'évêque de Fréjus, de l'archevêque d'Aix, de l'évêque de Nîmes, de l'évêque de Montpellier, de l'évêque de Carcassonne, du curé de Saint-Sernin de Toulouse, du cardinal-archevêque de Bordeaux, de l'évêque d'Angoulême, de l'évêque de La Rochelle, de Mgr Pie, évêque de Poitiers, de l'archevêque de Tours, de l'évêque de Blois.

Tous ces documents sont autant d'exhortations en faveur de la nouvelle Dynastie et contiennent les marques du dévouement le plus chaleureux.

Le clergé français, par l'organe de ses prélats les plus vénérés, avait donc sympathiquement accepté le Gouvernement impérial.

L'Empereur s'est-il souvenu de cette confiante adhésion ?

Les faits répondent avec une éloquence qui pourrait se passer de commentaires.

Occupons-nous d'abord des intérêts matériels et ouvrons

la brochure, dont nous avons déjà, plusieurs fois, entretenu nos lecteurs : *Progrès de la France sous le gouvernement impérial. d'après les documents officiels.*

Voici ce que constate avec une irréfragable autorité le chapitre XIV consacré aux *Cultes* :

L'Héritier de celui qui a fait le Concordat et rouvert les églises en France ne pouvait manquer d'accorder à la Religion des marques précieuses de sa protection et de sa sympathie.

La sollicitude du Gouvernement impérial s'est manifestée par des créations nombreuses et par une amélioration sensible de la situation des ministres du culte.

Le budget des cultes, qui était, en 1851, de 42,576,550 fr., est aujourd'hui de 53,674,386 fr.

Le personnel du culte catholique a profité de cette augmentation pour une somme de 7,515,500 fr. L'annexion des diocèses de Nice et de la Savoie, l'érection en archevêchés des évêchés de Rennes et d'Alger, la création des évêchés de Laval, d'Oran et de Constantine, l'établissement de la communauté de Sainte-Geneviève, l'accroissement des titres paroissiaux et l'augmentation des traitements du clergé, tels ont été les progrès réalisés à l'aide de ces ressources.

Le nombre des titres paroissiaux s'est élevé de 32,754 à 35,200. Celui des indemnités vicariales a été porté de 7,008 à 9,218.

Le matériel du culte a été l'objet d'augmentations non moins importantes.

Le budget des édifices diocésains s'est élevé de 1,798,000 fr. à 4,613,000 fr.

De 1852 à 1869, plus de 73 millions environ ont été consacrés à des travaux ordinaires ou extraordinaires, et ont permis d'amener presque à son terme la restauration de la cathédrale de Paris, d'entreprendre la construction de celle de Marseille et la reconstruction des cathédrales de Moulins, de Cambrai et de Clermont. D'autres, au nombre de vingt-sept, ont été restaurées ou agrandies. Quatorze séminaires ont été construits.

Le crédit pour les édifices paroissiaux a été triplé. De 1 million il a été porté à 3 millions 200,000 fr.

Une somme de plus de 34 millions a été ainsi répartie en secours entre 15,500 communes. Ce concours de l'État a déterminé d'importantes subventions volontaires. On peut estimer à plus de 200 millions la valeur des travaux exécutés par les communes, avec l'aide de l'État et des souscriptions privées.

Les cultes non catholiques ont eu leur part dans les subsides et les subventions de l'État. Leur dotation a été augmentée de 567,686 fr.; elle a permis d'accroître le nombre des pasteurs, d'élever leur traitement et d'ouvrir aux cultes reconnus de nouveaux édifices.

A la suite de ce tableau de statistique qui témoigne d'une si vive sollicitude pour tous les besoins du culte catholique, il convient de rappeler de quels sentiments profondément religieux s'est toujours inspirée la politique extérieure de l'Empereur.

N'est-ce pas pour soutenir la cause du christianisme que nos soldats ont été envoyés en Syrie et en Cochinchine ?

La perspective de réagir contre l'invasion, toujours croissante, de la race protestante anglo-saxonne et de favoriser ainsi le développement des races latines catholiques dans le Nouveau-Monde, n'était-elle pas une des bases de la haute et admirable conception qui avait inspiré cette expédition du Mexique tant reprochée par l'Opposition ?

Qui a foudroyé les bandes garibaldiennes à Mentana ? Qui protége à Rome la sécurité du Saint-Père ?

Ne sont-ce pas nos troupes maintenues par l'Empereur

autour du trône de Saint Pierre, en dépit de toutes les attaques, de toutes les récriminations des députés et des écrivains d'une fraction considérable de la presse opposante ?

Il nous paraît difficile que les membres du clergé oublient de pareils titres à la reconnaissance des fidèles.

Quelques évêques de France et notamment NN. SS. le cardinal-archevêque de Chambéry et l'évêque de Bayonne, viennent d'adresser au clergé de leur diocèse, à l'occasion de la question électorale, des circulaires qui nous donnent à penser que le sentiment général des ministres du culte catholique est, en effet, celui d'une juste sympathie pour le gouvernement dont le premier ministre a prononcé, au nom du Chef de l'État, le fameux *jamais*, qui causa une si grande irritation parmi les adversaires du pouvoir temporel.

Or, le meilleur moyen de reconnaître les services du gouvernement impérial, ce serait d'affirmer de légitimes préférences pour les candidats conservateurs qu'il recommande aux populations.

Ces candidats, pour la plupart, sont les anciens membres d'une majorité sans le concours de laquelle l'Empereur n'aurait point pu soutenir efficacement, comme il l'a fait, la cause du vénérable vicaire de Jésus-Christ.

Et puis faut-il tout dire, l'élection de ces candidats est indispensable à la stabilité d'institutions que le clergé a peut-être plus d'intérêt à conserver que toute autre classe de la société.

Nos respectables prêtres n'ignorent pas, en effet, le débordement des théories anti-religieuses dont le triste spectacle nous est donné dans les livres et les journaux du parti qu'une révolution porterait infailliblement au pouvoir.

En voyant ce qui s'écrit aujourd'hui, ce qui se débite à la tribune des clubs, en se rendant compte des funestes courants d'opinion qui ont traversé certaines couches sociales, il est facile de deviner à quel affreux péril seraient exposés la Religion et ses ministres, si la France venait à retomber dans les bras de l'anarchie.

Il nous semble qu'un de nos confrères a dit excellemment : « Placé dans une sphère trop élevée, dans un milieu trop calme, pour que le bruit des colères, l'accent des haines et le trouble des passions humaines puisse y pénétrer, le clergé a pour premier devoir de fortifier de son vote et de son influence le principe d'autorité, image humaine d'une chose divine, et de s'opposer de toutes ses forces au triomphe de l'esprit révolutionnaire. »

Nous serions fort surpris que la théologie catholique ne s'accommodât pas de ces sages et nettes observations, expression rationnelle, à nos yeux, de la doctrine évangélique et du précepte apostolique touchant les devoirs du chrétien à l'égard des Puissances.

Admettre qu'un prêtre puisse se servir de la foi religieuse comme d'une machine de guerre politique serait d'ailleurs une supposition odieuse.

C'est pourtant là-dessus qu'ose compter l'Opposition de toutes les nuances, car les Républicains ne dédaignent pas plus que les Orléanistes de faire appel aux suffrages ecclésiastiques.

Le Clergé est trop intelligent et trop éclairé pour se laisser ainsi entraîner à porter son choix sur des amis prétendus de l'Église, mais hostiles au Pouvoir et au principe même de son existence. En agissant de la sorte il commettrait une faute dont il ne tarderait pas à sentir le poids cruel.

Il remarquera, en outre, que la plupart des candidats de l'Opposition, et notamment le candidat orléaniste de la 1re et de la 3e circonscriptions du Lot-et-Garonne s'abstiennent, dans leurs circulaires, de se prononcer sur la question romaine.

Menacée comme elle l'est, à cette heure, par l'assaut violent des doctrines désolantes de l'athéisme, l'Église a besoin de pouvoir combattre, à l'abri d'un gouvernement fort et dévoué à sa cause sainte.

Ce gouvernement traverse une crise. Elle voudra l'aider à en triompher.

Quand les destinées du pays sont à la veille d'être remises en question par le suffrage populaire, nous ne sommes pas de ceux qui prétendent que le Clergé doit se tenir à l'écart, réfugié dans une sorte d'anéantissement volontaire.

Non, un rôle plus noble, plus digne de sa haute tâche civilisatrice lui est assigné à nos yeux.

C'est celui de se placer au premier rang des soldats du grand parti de l'Ordre.

Puissent donc nos respectables prêtres ne point se désintéresser de la lutte !

Puissent-ils y apporter, au contraire, le concours énergique qu'est en droit d'attendre de leur loyauté le défenseur du Pape à Rome, le père d'un jeune Prince qui, filleul bien-aimé de Pie IX et élevé, sous l'œil de l'Impératrice, dans les pratiques de la plus sérieuse piété, continuera dignement un jour la politique religieuse de Napoléon III.

(15 Mai).

IX

LA JUSTICE DU PEUPLE !

A l'heure où ces lignes paraîtront dans nos campagnes, le dénouement de la lutte électorale sera proche. Le suffrage universel sera, pour la quatrième fois depuis l'avènement du second Empire, à la veille de manifester solennellement les volontés du Pays ; mais dans des circonstances exceptionnellement graves et significatives.

Un grand enseignement doit, en effet, sortir des urnes des 23 et 24 mai.

Les attaques passionnées de l'Opposition, la coalition des haines formées presque partout sous l'action des anciens partis, cet effort violent et général tenté par tous les revenants des régimes déchus contre le Gouvernement impérial, tous les incidents du combat que nous venons de soutenir donneront aux résultats du vote un sens et une portée qui ne sauraient échapper à personne.

Eh ! bien, chez tous ceux à qui leur position permet comme à nous de sentir, en quelque sorte, battre le cœur de la nation, une consolante et unanime conviction surgit au fond de l'âme : c'est le pressentiment d'une enthousiaste et solennelle protestation des masses populaires contre les irréconciliables ennemis de l'œuvre de 1852.

L'Opposition qui, en se dégageant d'une hostilité systématique, pouvait concourir à l'action du Gouvernement ; l'Opposition qui devait chercher à consolider la liberté en France et non pas à la compromettre, l'Opposition a répandu les principes les plus dangereux, les théories les plus malsaines. La leçon sera sévère pour elle. Plus ses menées auront été violentes, plus la réaction sera formidable.

C'est comme une révolte de l'honnêteté et du bon sens public qui balaiera les traces de l'Orgie politique dont le désolant spectacle se déroule devant nos yeux depuis un mois !

Nous avons, presque jour par jour, indiqué ici les calomnies, les intrigues, les manœuvres de toutes sortes mises en jeu contre le Pouvoir. Nous avons démontré que la propagande si activement poursuivie dans les trois circonscriptions du Lot-et-Garonne, en faveur des candidatures opposantes, est exclusive de toute idée sincère de progrès et d'améliorations ; mais uniquement préoccupée de desseins anti-dynastiques, de projets de renversement.

Les populations ont apprécié comme il convient le caractère dangereux des hostilités qui, sous forme de candidatures prétendues conservatrices, viennent rôder autour des scrutins, dissimulant mal les plus funestes intentions.

Elles ont compris que les élections de 1869, c'est la crise de l'Empire, et que des résultats qu'elles affirmeront dépendent les plus prochaines destinées du pays. Essentiellement conservatrices et dévouées aux institutions qui ont élevé si haut le drapeau national et dompté l'anarchie à l'intérieur, elles s'apprêtent à donner une éclatante majorité aux candidats recommandés par le Gouvernement de l'Empereur.

Dans la lutte à outrance qu'elle a menée contre le seul régime véritablement libéral, progressif et démocratique

que nous ayons eu en France depuis 89, l'Opposition s'est considérablement amoindrie. Ses vieux fétiches se sont discrédités dans de honteux compromis. Ses doctrines ont été passées au crible d'une polémique vigoureuse et il n'en est resté que des débris.

La cause est désormais entendue ; le pays est édifié ; il sait ce que valent les arguments empruntés à l'histoire du passé ; il a pesé le poids des récriminations contre le présent, et il est résolu à maintenir, par un solennel verdict, le gouvernement sage et fort qui, de la répression rendue nécessaire, de la dictature inévitable au lendemain de cette répression, a chaque jour marché, depuis dix-huit ans, vers la liberté croissante, vers la pratique régulière du droit de plus en plus élargi, vers le progrès social et politique sans cesse grandissant.

Dans un intervalle de trente-sept ans les trois partis légitimiste, orléaniste et républicain, aujourd'hui coalisés contre l'Empire, ont été tour-à-tour en possession du Pouvoir, et la volonté de la nation les a tour-à-tour dépossédés.

Tombés à tort ou à raison, ils ont été refoulés et contenus jusqu'ici par la main énergique et ferme d'un Souverain que huit millions de suffrages ont placé sur le trône.

Il faut qu'ils disparaissent complétement de l'arène politique pour que la France retrouve enfin la libre possession d'elle-même.

La défaite définitive des anciens partis, c'est l'œuvre grande et salutaire que consacreront, nous en avons la confiance, les élections législatives d'après-demain. L'effort des masses populaires est tout entier dirigé dans ce sens. Elles sont manifestement lasses de l'attitude d'une Opposition stérile et malveillante représentant obstinément les dynasties renversées et l'anarchie vaincue ; ne s'ingérant dans les affaires de l'État que pour en embarrasser la marche ; surveillant les faux pas pour provoquer la chute ; exclusivement occupée de haïr et d'attendre ; accentuant son hostilité et se dressant contre le Gouvernement impérial avec une opiniâtreté toujours grandissante, à mesure que celui-ci se dépouillait volontairement des prérogatives qui lui étaient accordées par la Constitution de 1852, et étendait le cercle des libertés politiques.

La loyauté de la nation s'est indignée de ces coalitions monstrueuses, cyniquement formées sans autre but que de renverser ce qui est aujourd'hui, et sans pouvoir dire ce qui sera demain.

Que les brouillons et les agitateurs des partis hostiles ou les impatients de provenance indéterminée se préparent donc à supporter le coup d'un immense échec.

Tous les instincts conservateurs se sont réveillés en présence d'une série d'aggressions qui laisse suffisamment entrevoir à quelles nouvelles calamités serait entraînée la France, le jour où le Pouvoir deviendrait impuissant à réprimer les excès de ses orgueilleux adversaires.

L'Empire a été fait par le peuple et s'est toujours appuyé sur lui.

C'est le Peuple qui prend aujourd'hui sa cause en main !

C'est la justice du Peuple qui se lèvera, dimanche prochain, dans son implacable sérénité, pour anéantir les espérances d'une Opposition dont l'histoire flétrira le rôle anti-français.

(21 Mai).

X

VIVE L'EMPEREUR !

C'est ce cri sur les lèvres ou dans le cœur que, demain dimanche, 23 mai, nos sages et vaillantes populations marcheront au scrutin !

L'heure de la méditation et du recueillement est passée.

Celle d'un unanime et chaleureux enthousiasme va sonner maintenant !

La nation est fermement résolue à prévenir le retour d'aventures, où la liberté sombrerait dans l'anarchie.

Solennellement réunie dans ses Comices, elle va faire acte de protestation virile contre les entreprises de tous les démolisseurs ameutés autour du seul Gouvernement qui, depuis 1789, ait *osé* demander au suffrage universel la consécration de son pouvoir.

Vive l'Empereur ! car c'est à ce grand penseur couronné, restaurateur de l'ordre, initiateur à la vraie démocratie, et en même temps défenseur du Pape à Rome et vengeur des affronts subis, sous d'autres régimes, par le drapeau de la France; c'est à lui que le peuple s'apprête à payer, dans la personne des hommes dévoués à sa dynastie, un juste tribut d'hommages et de reconnaissance.

Vive l'Empereur, en qui se résument toutes les aspirations généreuses du pays et dont le nom rappelle les plus glorieux souvenirs de notre histoire !

Vive l'Empereur, arbitre de l'Europe, souverain des souverains, qui a réalisé cette parole : « Si j'étais le roi de France, je ne voudrais pas qu'un coup de canon se tirât dans le monde sans ma permission. »

Vive l'Empereur, rénovateur de l'industrie et du commerce, ami dévoué de l'agriculture, protecteur des arts et des lettres !

Prêtres du culte catholique, comment refuseriez-vous vos suffrages au neveu de Celui qui a rouvert les portes de vos églises, au monarque dont l'inébranlable dévouement au Chef auguste de la chrétienté maintient le trône de saint Pierre sur ses assises ébranlées par la démagogie cosmopolite !

Ministres des cultes dissidents, n'avez-vous pas apprécié l'esprit d'impartialité qui vous protége ?

Electeurs de la bourgeoisie de nos villes, nous faisons appel à vos souvenirs. Oublierez-vous que deux fois, en cinquante ans à peine, un Napoléon vous a sauvés !

Vous êtes volontiers frondeurs ; mais vous ne sauriez être révolutionnaires. Est-ce que le Gouvernement impérial, tout en donnant satisfaction aux exigences légitimes de votre libéralisme, n'est pas celui qui vous présente les plus solides garanties du maintien de l'ordre et de la prospérité publique.

Industriels et commerçants, les doctrines économiques sorties du grand mouvement de la pensée moderne, n'est-ce point l'Empire qui les a appliquées ; n'a-t-il point abaissé les barrières que la routine d'un autre âge avait dressées contre l'essor fécond de vos produits ?

Ouvriers, l'Empereur s'est toujours appuyé sur vous. Il a multiplié les travaux publics qui ont donné l'aisance à vos familles ; il a créé sur tous les points de la France des établissements d'assistance et des refuges pour votre vieillesse ; par les traités de commerce, il a provoqué l'abaissement des denrées et de tous les produits de consommation ; par la suppression de l'article 1781 du Code de Procédure civile, il a relevé votre parole en justice ; par la loi sur la liberté des coalitions et l'abolition prochaine des livrets, il a détruit les derniers vestiges d'une organisation sociale qui vous tenait encore dans une condition inférieure.

Propriétaires des campagnes, laborieux cultivateurs, sages populations rurales, c'est sur vous, vaillants représentants du travail austère, qu'ont le plus pesé les intrigues d'une Opposition affolée de renversement. Les lugubres temps d'émeute ont laissé parmi vous d'odieux souvenirs. Votre implacable bon sens triomphera de toutes les fallacieuses séductions, de toutes les sollicitations funestes. D'un élan unanime vous voterez, nous n'en doutons pas, pour l'Empereur, à qui vous devez dix-huit ans de calme et de prospérité, pour le défenseur de votre indépendance, pour le protecteur de vos propriétés convoitées par les rêveurs de bouleversements, les artisans de désordre !

Depuis le commencement de cette lutte, dont le dénouement sera connu dans quelques heures, nous vous avons énergiquement défendus contre les meneurs arrogants d'une Opposition qui vous traite d'ignorants et de troupeau de moutons, chaque fois que vous contrariez ses desseins coupables.

Est-ce aux candidats que patronnent ces dédaigneux contempteurs de votre robuste patriotisme ; est-ce à une Opposition qui vous rendrait complices d'une œuvre de haine et de colère que vous prêterez le concours de vos libres votes ?

Non, les destinées du Pays sont entre vos mains ! Vous ne tomberez certainement pas dans le piége tendu à vos consciences !

Nous vous le disions avant-hier encore : tous les régimes antérieurs, inaugurés par une crise politique ou sociale, ont marché de la liberté proclamée ou conquise vers une compression toujours croissante.

L'Empire, au contraire, s'est avancé par étapes dans la voie libérale, et il en est arrivé aujourd'hui, sans secousses, sans qu'une seule émeute ait ensanglanté les rues de Paris, à pouvoir ouvrir la plus large issue au droit de discussion et au contrôle de l'opinion et des Chambres.

L'autorité n'a rien perdu de son prestige ; la liberté a bénéficié de la force acquise au Pouvoir.

Ce n'est point une monarchie improvisée par l'émeute, obligée de lutter pied à pied avec ses complices ou avec ses victimes ; c'est une monarchie nationale issue de la volonté du pays et acceptée comme un arbitre nécessaire par des intérêts rivaux qui vous demande, à cette heure, de lui continuer votre confiance.

Il lui est impossible de poursuivre son œuvre sans le concours d'hommes qui, après s'être associés à sa fondation, l'ont suivie dans toutes les améliorations qu'elle a réalisées.

Voilà pourquoi elle réclame aux huit millions d'électeurs auxquels elle doit son origine, le triomphe des candidatures officielles.

Sans une majorité homogène et unie par les liens d'un dévouement sûr, la Chambre ne représente plus qu'un choc de passions dont le Pouvoir exécutif est le point de mire. Elle devient un foyer d'anarchie.

Dans des circonstances à peu près analogues à celles où nous sommes placés, un homme d'État éminent disait : « Le Gouvernement doit s'appliquer à développer dans la société tous les germes de prospérité, de perfectionnement, de grandeur.... C'est-là, sans nul doute, pour la politique conservatrice un devoir impérieux, sacré, et c'est là aussi un but que cette politique seule peut atteindre. *Toutes les politiques vous promettront le progrès ; la politique conservatrice seule vous le donnera.* »

Que les électeurs des trois circonscriptions du Lot-et-Garonne méditent ces graves paroles au moment de déposer leurs bulletins dans l'urne ; qu'ils demeurent sourds à la voix de ceux qui veulent les détacher de l'Empire et leur faire perdre ainsi trois biens précieux : l'ordre, le travail et la liberté.

Pour tous les hommes clairvoyants et sages, désireux de préserver leur pays d'une catastrophe où tant de fortunes et d'intérêts précieux seraient engloutis, il n'y a plus aujourd'hui qu'un cri de ralliement : *Vive l'Empereur !*

(**22 Mai**).

Agen, Imprimerie de Prosper Noubel.